LA

QUESTION des LOYERS

PENDANT LA GUERRE

DANS

LA PRINCIPAUTÉ DE MONACO

NICE

Imprimerie du Commerce A. N. Emanuel, 24, Avenue Beaulieu.

1916

LA

QUESTION des LOYERS

PENDANT LA GUERRE

DANS

LA PRINCIPAUTÉ DE MONACO

NICE

Imprimerie du Commerce A. N. Emanuel, 24, Avenue Beaulieu.

1916

LETTRE

des Membres de la Commission

à Messieurs les Propriétaires d'Immeubles

de la Principauté de Monaco

(8 Mars 1916)

LETTRE

des Membres de la Commission
à Messieurs les Propriétaires d'Immeubles
de la Principauté de Monaco

———

MESSIEURS,

Nous avons l'honneur, comme préliminaire à votre prochaine Assemblée Générale, de vous donner connaissance d'une lettre en date du 11 Décembre 1915, contenant les réponses de Son Excellence Monsieur Flach, Ministre d'Etat : 1° à la demande qui lui fut remise le 17 juin 1915, d'autorisation de vous constituer en Association ; 2° et à la troisième Requête, en date du 30 août 1915, qui fut adressée à Son Altesse Sérénissime le Prince.

Nous joignons à cette lettre les Considérations qu'il nous a paru utile de demander pour commenter et apprécier ces réponses.

Ces documents vous permettrons de mieux vous rendre compte de la situation qui vous a été faite par l'application du Moratorium qui constitue une réquisition de vos immeubles, et par celle de l'Ordonnance en vertu de laquelle vos loyers

ont expropriés ; et d'envisager les résolutions que vous aurez à prendre pour
a défense de vos intérêts que nous avons jusqu'ici soutenus avec le plus entier
évouement.

Veuillez agréer, Messieurs, l'expression de nos sentiments les plus distingués.

Signé : Charles REY, Président.
J.-B. GASTAUD et V. MÉNÉSINI.

Monaco, le 8 Mars 1916.

LETTRE

de Son Excellence Monsieur FLACH

Ministre d'Etat

à la Délégation des Propriétaires

(11 Décembre 1915)

PRINCIPAUTÉ DE MONACO

Monaco, le 11 Décembre 1915.

MINISTÈRE D'ÉTAT

—

N° 9352

MONSIEUR,

En réponse aux diverses communications adressées au Gouvernement Monégasque par les Délégués de la Commission des Propriétaires de la Principauté et à la lettre que vous m'avez personnellement écrite, le 22 septembre dernier, pour rappeler ces communications, j'ai l'honneur de vous faire connaître que, conformément à l'avis arrêté par le Conseil d'État, dans sa séance du 20 juillet, S. A. S. le Prince a décidé que la demande du 17 juin dernier, tendant à obtenir, pour les Membres de la Commission des Propriétaires de la Principauté, l'autorisation de se constituer en association régulière, n'était point susceptible d'une suite favorable.

J'ai également pour mission de vous informer, avec prière d'en faire part à vos honorables commettants, que les arguments et considérations invoqués dans la « troisième Requête » présentée contre l'Ordonnance du 9 mars 1916 n'ont point paru suffisants au Prince pour Le faire revenir sur les mesures qu'Il a précédemment arrêtées.

En fait, les conséquences déjà produites par l'Ordonnance démontrent à quel point elle a été opportune. En effet, sur les contestations qui se sont élevées ou semblaient devoir s'élever entre les Propriétaires et les Locataires, 102 ont été terminées par des jugements ; 66 affaires ont été rayées du rôle à la suite d'un arrangement intervenu devant le Tribunal, entre parties après ou avant plaidoiries ; 6 ont été conciliées devant M. le Président du Tribunal et 121 ont été abandonnées, après un préliminaire infructueux de conciliation, sans doute parce qu'elles avaient donné lieu à des arrangements amiables. Il reste à juger 116 affaires, mais il n'est pas téméraire de penser que bon nombre d'entre elles seront rayées ou transigées.

A un autre point de vue, on doit être satisfait de constater, que, vraisemblablement gagnés par l'exemple de ce qui se passait dans la Principauté, de nombreux Propriétaires, dans plusieurs villes voisines, et notamment à Nice, ont accordés sur les loyers une moyenne de réductions de 50 °/₀ et aussi que la majorité des projets de loi sur la question des loyers en France, *contiennent* ou *reproduisent* les principes consacrés par l'Ordonnance Princière.

Sans doute quelques-unes des décisions intervenues ont été critiquées et ont fait des mécontents, mais n'en est-il pas de de même à l'occasion de la plupart des procès et est-il rationnel que pour empêcher le mécontentement des Propriétaires ont prétende que le Trésor Princier doive leur rembourser les réductions accordées aux Locataires ?

On oublie donc que les Propriétaires sont exempts d'impôts à Monaco et que si, en France, des indemnités étaient jamais accordées aux Propriétaires en contre-parties des réductions des loyers, ces indemnités seraient dans l'avenir payées par une contribution prélevée sur l'ensemble des citoyens basée sur le principe de solidarité.

De sorte que réclamer cette indemnité, c'est forcément réclamer l'établissement d'impôts dans la Principauté et on n'en aperçoit pas l'avantage qui, en fin de compte, en ressortirait pour les Propriétaires.

Son Altesse Sérénissime considère que l'Ordonnance du 9 mars 1914 répondait à une nécessité, qu'elle est venue à son heure et qu'elle achévera de donner satisfaction à la masse de la population lorsque au moment de son renouvellement, la procédure en sera améliorée.

Veuillez agréer, Monsieur, l'assurance de ma considération très distinguée.

LE MINISTRE D'ÉTAT.

Signé : **Flach**.

CONSIDÉRATIONS

Réponses faites par S. E. Monsieur le Ministre d'Etat
à une demande d'autorisation d'association
et à la troisième requête des Propriétaires
(4 Mars 1916)

CONSIDÉRATIONS

Sur les RÉPONSES faites par S. E. le Ministre d'État.

aux Propriétaires de la Principauté

————+*+————

Les Propriétaires de la Principauté n'ont pas voulu que la lettre, en date du 11 décembre 1915, qui vient d'être rapportée, de Son Excellence Monsieur le Ministre d'État, fut passée sous silence ; et ils nous ont formellement invité à commenter et apprécier les réponses faites à leur demande du 20 juillet 1915 et à leur troisième Requête du 30 août suivant.

Ces réponses n'ont surpris personne. Elles n'en ont pas moins produit une émotion et une inquiétude des plus vives.

Elles peuvent impliquer : ou que la demande d'autorisation d'Association présentée par les Propriétaires était téméraire ; ou que la vérité que leur délégation avait cru avoir fait parler dans leurs requêtes et dans les rapports qui y sont joints, n'avait pas été entendue ; ou, enfin, que les arguments de droit et les considérations qui étaient invoqués avaient été impuissants pour étayer leur thèse et entraîner la conviction.

Ils n'ont, pourtant, pas été réfutés ; serait-ce qu'ils auraient été jugés irréfutables ?

Pour annihiler les nouvelles objections de fait qui leur sont opposées conviendrait-il d'attendre la réponse que sollicite leur quatrième Requête ?

Ce document, en date du 10 décembre 1915, et le rapport qui y est annexé, réfutent péremptoirement les théories socialistes et collectivistes que les Commerçants ont développées dans leur programme de revendications adressé au Prince, le 1er septembre dernier (1915).

Ils ne sont donc pas sans importance et ne sauraient être négligés.

En attendant qu'une opinion officielle soit exprimée sur ces théories et sur les réfutations dont elles ont été l'objet, les Propriétaires estiment qu'ils doivent faire connaître la leur sur les trois points essentiels que soulève la lettre de M. le Ministre d'État, savoir :

Refus aux Propriétaires de l'autorisation demandée de former entre eux une Association ;

Maintien des mesures précédemment arrêtées ;

Et menace d'établissement d'impôts dans la Principauté.

D'où trois questions qui intéressent la généralité des habitants de la Principauté et dont les Propriétaires réclament l'examen, sans attendre qu'il soit répondu à leur quatrième Requête.

C'est très respectueusement et toujours en tenant la haute personnalité du Souverain en dehors et au-dessus de la discussion qu'il sera procédé à l'examen de ces questions. Les observations auxquelles elles donneront lieu et les vérités qu'il faudra exprimer, ne seront pas toujours d'accord avec les principes et les allégations de Monsieur le Ministre d'État ; elles trouveront leur excuse dans la nécessité de faire, par des données contradictoires, luire un fois de plus la lumière sur la question des loyers pendant la guerre et sur les autres questions qu'elle a suscitées dans cet État neutre ; et, cela, dans l'intérêt des Propriétaires, comme aussi dans celui des Locataires : Commerçants et Industriels, et surtout dans l'intérêt général.

PREMIÈRE QUESTION

Sur les Associations de Personnes

Soudainement attaqués dans leurs intérêts par l'Ordonnance sur les loyers, du 9 mars 1915, les Propriétaires avaient cru devoir adresser leurs légitimes doléances à Son Altesse Sérénissime le Prince.

Leurs vœux ne furent pas accueillis.

En imposant la réduction des loyers, l'Ordonnance avait pour effet : la destruction des baux sans le consentement des Propriétaires ; la suppression de la protection des Lois pour la propriété privée ; et, comme conséquence, la ruine du crédit public dans le Pays.

C'était choses très graves.

Les Propriétaires avaient besoin de se concerter et d'aviser aux moyens de sauvegarder leurs biens. A cet effet, ils résolurent de constituer une *Association*, à l'instar de celles qui, sous le titre de : « Syndicat des Propriétaires », existent dans les principales villes de l'étranger et qui ont pour objet :

> « l'étude et la défense des intérêts économiques de la propriété
> « immobilière ; son amélioration et son développement ; l'examen
> « des questions, l'étude des réformes qui la concernent, la recher-
> « che des mesures propres à en augmenter la valeur et le produit ;
> « et d'adresser aux Pouvoirs Publics des vœux pour la réalisa-
> « tion de leurs délibérations. »

La demande d'autorisation en fut présentée au Gouvernement, le 17 juin 1915. Le Conseil d'État, en nombre restreint et dont le Ministre est le Président, donna son avis le 20 juillet suivant ; et ce ne fut qu'à l'expiration de près de cinq mois, et après lettre de rappel, qu'il fut répondu que : « *Cette demande n'était pas susceptible d'une suite favorable.* »

On aurait compris que le projet des Statuts eut été amendé : on se serait soumis avec déférence à toutes les modifications qui auraient été proposées ; mais, un rejet absolu, sans motif ni explication, produisit sur l'esprit des Propriétaires la plus pénible impression !

Cette réponse provoqua naturellenent le désir de connaître quelle était la législation en matière d'Association.

Pour être instruit sur cette matière, on n'a qu'à lire le Code pénal qui, par ses articles 274 et suivants, prescrit que nulle Association ne peut se former sans l'autorisation (toujours révocable) du Gouvernement, sous les conditions qu'il lui plait d'imposer, et avec les sanctions pénales de la prison et des amendes ; et l'Ordonnance Souveraine du 16 février 1897, modifiée par deux autres Ordonnances postérieures, qui édicte qu'aucune Association ou réunion d'étrangers de même nationalité ne peut être instituée, fût-ce dans un but de bienfaisance, que moyennant les conditions prescrites par les mêmes articles du Code pénal.

Il résulte de cette législation que, à Monaco, les Associations de personnes ne sont pas libres ; et que le Gouvernement a la faculté de les autoriser ou de les prohiber.

Sous l'empire de cette législation plusieurs Associations ont été autorisées à se former et fonctionnent. Elles figurent dans les annuaires de la Principauté d'avant la guerre et sont notamment :

La Société Médicale de Monaco ;

L'Association des Anciens Élèves des Frères des Écoles Chrétiennes ;

Le Groupe Spérantiste de Monaco ;

Les Comités de Bienfaisance des Colonies française, italienne, belge, suisse ;

Le Groupe d'Études ;

La Société d'Epargne ;

Quatre Sociétés Musicales et Chorales ;

Trois Sociétés de Sports ;

La Ligue des Amis des Animaux ;

Etc...

Moins heureux que les Membres de ces diverses Associations, les Propriétaires monégasques et étrangers de la Principauté n'ont pas été jugés dignes de former entre eux une Association.

Cependant, le Prince Albert Ier, dans un esprit très libéral et qui prouve qu'il est véritablement l'ami du progrés, a rendu deux Ordonnances : l'une, en date du 31 mai 1910, accordant la liberté de Réunion ; l'autre, trois jours après, accordant la liberté de la Presse.

Il eut été à souhaiter que ce progrès ne s'arrêtat pas là et que la liberté d'Association, ainsi que d'autres libertés dont la privation porte de graves atteintes au droit de propriété, vinssent compléter la série des libertés dont sont dotés les États civilisés.

Dans ces États, le droit d'Association fait partie, pour ainsi dire, du Statut National et est admis sans restriction.

En France, sans doute, il a fallu arriver jusqu'au 1er juillet 1901 pour voir rétablie la liberté d'Association déjà créée par la Révolution le 13 novembre 1790. Depuis ce moment, les Associations se sont développées librement et personne n'a jamais prétendu que cette liberté ait pu nuire en quoique ce soit à l'existence et à la sûreté de l'Etat.

En Italie, aucune loi n'interdit les Associations de Propriétaires, ni leur Fédération. Elles se forment même par des actes notariés. C'est ainsi que, suivant acte reçu par Me Noziglia, notaire à Gênes, le 4 décembre 1913, il a été constitué en cette ville : « L'Associazione fra i Proprietari di Case et Appartamenti in Genova ». Cette Association publie, depuis un an, un bulletin mensuel qui contient toujours des sujets très bien traités et forts intéressants.

En outre, une Fédération Nationale entre les Associations de Propriétaires, a été fondée à Milan, le 17 octobre 1915.

En Belgique, l'article 20 de la Constitution garantit le droit d'Association et proclame que ce droit ne peut être soumis à aucune mesure préventive, la Loi ne punissant que les Associations de malfaiteurs formées dans le but d'attenter aux personnes et aux propriétés.

En Espagne, l'article 13, de la Constitution de 1876 garantit parmi « les droits individuels », ceux de « se réunir pacifiquement et de s'associer pour les divers buts de la vie humaine. »

En Suisse, l'article 5 de la Constitution fédérale de 1876 reconnaît aux citoyens le droit de former des Associations.

Il en est de même dans bien d'autres États monarchiques de l'Europe, ainsi que dans les Etats-Unis d'Amérique.

A l'égard des Etats d'Amérique, qu'il nous soit permis de rappeler l'éloge que, dans un discours très éloquent et très applaudi prononcé au Club Américain de Paris, le 24 novembre 1915, Son Altesse Sérénissime le Prince fit du Peuple Américain dont « la *sagesse*, dit-Elle, *est née avec le respect de la liberté*, *l'amour du travail* et le *culte de la paix* ».

Or, les habitants de la Principauté à l'instar des Américains, ne demandent qu'à s'honorer par la pratique de ces trois vertus civiques.

Cependant à Monaco, (Etat qui est à l'avant-garde des Pays civilisés, et qui, suivant le dire de Monsieur le Ministre d'État, devrait être satisfait de ce que des projets de loi sur la question des loyers en France, auraient reproduits les principes émis dans l'Ordonnance du 9 mars 1915), que voit-on ?

— On voit des Propriétaires qui sont de fidèles et respectueux soutiens du Trône, qui ont contribué au développement du Pays et à l'extension de sa prospérité, qui n'ont nullement l'intention de reconstituer les corporations du Moyen-âge, mais simplement de délibérer avec quelques fruits sur leurs intérêts propres, ne pouvoir pas même s'associer !

Il y a là une anomalie qui saute aux yeux et sur laquelle il convient d'attirer respectueusement l'attention du Souverain.

A l'heure actuelle, l'Association est une condition essentielle du progrès.

Loin d'être redoutée, elle doit être encouragée, alors surtout qu'elle a pour objet *la protection de la propriété bâtie, le développement de l'industrie du bâtiment*, et comme conséquence, *l'intérêt-général*.

On préfère la refuser aux Propriétaires et on ne voit pas que, par cet ostracisme à leur égard, on arrête le progrès dans la Principauté !

Dans le Commerce et dans l'Industrie, les Associations ne sont-elles pas des instruments merveilleux pour produire dans un Pays des développements économiques féconds ? Dans les Pays voisins soumis au régime constitutionnel, l'Etat, association de citoyens, a-t-il jamais tremblé devant un Syndicat : Association de Propriétaires ?

En quoi une telle Association, qui n'a rien d'illicite ni de dangereux pour l'Etat, pourrait-elle porter ombrage au Pouvoir Monégasque ?

Ce que nous disons pour les Propriétaires, nous le disons aussi pour les Commerçants qui ont également des intérêts économiques à protéger. La liberté d'Association est indivisible et ne s'applique pas qu'à une seule catégorie de citoyens ; par suite, les Commerçants, étant sur ce point solidaires avec les Propriétaires, devraient concourir avec eux à l'obtention de cette liberté.

Ils sont allés s'associer au-delà de la frontière monégasque et ils ont même créé une fédération avec les Commerçants des communes françaises contiguës à la Principauté !

Les Propriétaires pourraient en faire autant et adhérer à la Fédération des Chambres Syndicales (au nombre de 50.000) qui sont affiliées à l'Union de la Propriété bâtie de France, si mieux ils n'aimaient défendre leurs biens dans le Pays même où ils sont situés.

Ces exodes, inaugurés par une Association d'employés, ne manqueraient pas d'être imités. Si on peut juger de ce qu'ils auraient d'anormal, on n'entrevoit pas quels en seraient les avantages pour la Principauté.

Pour le moment, on ne peut s'empêcher de constater cet événement significatif qu'a produit l'Ordonnance sur les loyers, du 9 mars 1915, c'est que : l'autorisation de s'associer a été refusée aux Propriétaires et que les Commerçants ont éludé le refus d'autorisation, en allant s'associer sur le territoire français. Ce n'est pas l'un des effets les moins curieux de cette Ordonnance !

Avec quelle ardeur et quel talent sont combattues ces entraves à la liberté, par un député français qui est, en même temps, le conseiller très écouté de Son Altesse Sérénissime le Prince de Monaco ! Qu'on lise le discours éloquent que M. Jules Roches a prononcé à la séance de la Chambre des Députés du 11 janvier dernier, à propos de la censure et de la liberté de la Presse, liberté qui a comme corollaire naturel et indispensable la liberté d'association :

> « La liberté de la Presse, a-t-il dit, est un des instruments pour
> « lesquels il faut avoir les mêmes passions que les hommes de sa
> « génération ont conservés depuis leur jeunesse où ils ont commencé
> « à lutter, dans le temps où lutter *pour la liberté* n'était pas courir au devant
> « d'avantages. »

Comment les Membres du Conseil National Monégasque trancheront-ils cette question, si un jour, elle est soumise à leurs votes ? S'inspireront-ils de la philosophie politique de l'ancien ministre français, qui contribua à l'élaboration de la Constitution Monégasque ; ou adopteront-ils la philosophie psychologique du Ministre d'Etat qui, le premier, eut l'honneur d'être chargé d'en assurer l'application ?

Dans le premier cas, ils devront s'engager résolument dans la voie du progrès tracé par l'honorable M. Jules Roches ; dans le second cas, ils n'auront qu'à rester stationnaires sur cette voie, avec l'honorable M. Flach. Mais ils ne pourront oublier que : piétiner sur place, n'est pas avancer !

Quant aux Propriétaires, dont les immeubles forment la base des intérêts vitaux d'un Pays, il leur restera toujours la ressource de formuler des vœux pour que l'autorisation de s'associer leur soit concédée, en attendant qu'une loi vienne proclamer dans la Principauté : « *La liberté d'Association des Personnes.* »

DEUXIÈME QUESTION

Sur le maintien des mesures précédemment arrêtées

Après avoir fait connaître le sentiment des Propriétaires en ce qui concerne le refus d'autorisation de former une Association, nous avons la tâche d'examiner la réponse faite à leur troisième requête, portant que les arguments qui s'y trouvent n'avaient point parus suffisants pour revenir sur les mesures précédemment arrêtées.

Ces mesures sont :

1° Le Moratorium des loyers ;

2° L'ordonnance relative à leur réduction.

Il y a donc lieu de voir si leur maintien est justifié, ou si leur abrogation s'impose ?

§ Ier

Le Moratorium des Loyers

On peut dire que c'est le moratorium, institué en France, qui donna lieu à l'établissement de celui de Monaco. Aussi, convient-il de faire un parallèle entre les deux pour démontrer les nécessités de l'abrogation de celui de Monaco.

I^{ent}

Le Moratorium en France

Dès le début de la guerre, le Gouvernement français suspendit le paiement des loyers par l'institution du moratorium, suivant un Décret du 14 août 1914, rendu en vertu de l'article 2 de la loi du 5 août 1914.

Ce Décret était-il opportun ?

Oui, si on le considère au point de vue de l'ordre public, de la paix sociale.

Non, si on l'envisage au point de vue des intérêts économiques.

A ce moment, le Gouvernement français, comme tout le monde, était persuadé que la guerre serait de courte durée, aussi les moratoria qui, ainsi que l'a dit Monsieur Briand, alors Ministre de la Justice, « lui furent imposés par la perturbation immédiate produite par la guerre », furent des mesures prudentes et conservatrices de la paix publique, alors que toute l'activité, tous les efforts de la Nation, devaient converger vers la défense de la Patrie.

Mais la guerre se prolongeant au-delà de toute prévision, on dut reconnaître que le système des moratoria nuisait à l'évolution des intérêts économiques de la partie de la France non envahie. Il fallut en supprimer. Toutefois, le moratorium des loyers fut maintenu.

Qu'en est-il résulté ?

L'esprit qui avait animé le Gouvernement en établissant ce moratorium avait bien été : d'accorder des delais aux locataires mobilisés et aux civils, qui n'auraient pas eu des ressources pour payer leurs loyers. Malheureusement, le Gouvernement n'ayant pu faire des distinctions, la mesure prise était applicable à tous les locataires, qu'ils fussent ou non mobilisés, qu'ils fussent riches ou pauvres ; et, son uniformité eut pour résultat de permettre aux locataires, qui avaient les moyens de payer. d'invoquer, pour ne pas payer, le privilège de ceux qui ne le pouvaient pas, et de faire naître l'espérance d'une loi qui ferait table rase de tous les loyers. En se refusant à payer leurs loyers, ces locataires ruinaient leurs propriétaires, affaiblissaient les forces productives du Pays et accomplissaient une œuvre antipatriotique.

La prolongation de l'application du moratorium émut le Sénat ; et, dans sa séance du 22 décembre dernier (1915) il fit entendre, par les voix éloquentes de M. de Selves et de M. Aimond, de véhementes protestations contre son maintien. Ces honorables Sénateurs firent ressortir les anomalies auxquelles avait abouti son application, en permettant à des locataires en état de payer leurs loyers de s'y refuser. Ils citèrent des exemples qui heurtent le bon sens et la justice.

Les conséquences inéluctables que nous avons déjà entrevues de la crise immobilière qui s'apprête et de la perte de l'industrie du bâtiment, et celles que nous constatons, tous les jours, de la détresse de nombreux propriétaires, de l'impossibilité où ils se trouvent de payer leurs dettes hypothécaires et même leurs impôts, ne leur échappèrent pas. Que ne firent-ils remarquer que le moratorium des loyers aurait dû avoir, comme correspectif, *le moratorium de l'impôt ?*

Les éminents ministres Viviani et Briand ne nièrent pas les abus du moratorium, mais ne purent donner que d'excellentes raisons pour son maintien jusqu'à ce qu'une loi vint régler la situation.

L'honorable M. Strauss, Sénateur, demanda à la Haute Assemblée de se mettre d'accord sur la formule : « Qui peut payer, doit payer ».

Ce principe, qui doit avoir pour complément que « l'État (c'est-à-dire la collectivité) devra payer pour qui ne le pourra pas », fut adopté.

Et maintenant, c'est à la Chambre des Députés que se poursuit la discussion des divers projets de loi sur les loyers ; et c'est celui qui sera voté qui mettra un terme au régime du moratorium.

Que sera la loi ?

Fera-t-elle revenir au droit commun ?

Fera-t-elle une exception en faveur des locataires mobilisés ?

Une loi qui dirait que les loyers des mobilisés (vraiment mobilisés) ou de leurs familles qui, à la fin de la guerre, justifieraient être hors d'état de payer leurs termes accumulés, seraient payés par l'État, honorerait tous ceux qui l'auraient votée.

Quoi de plus juste que ce soit la collectivité qui paie les loyers de ces héroïques défenseurs de la Patrie !

A l'égard des locataires non mobilisés qui, néanmoins, ont été atteints par la guerre dans leurs moyens : l'État devrait aussi pourvoir à leurs besoins.

Il est à prévoir que des députés s'opposeront à ce que l'État contribue en aucune façon au paiement des loyers, entendant que ce soient les propriétaires *seuls* qui subissent la perte. Mais l'État n'a pas le droit de donner les Propriétaires en rançon de la paix publique.

Les Propriétaires feront des sacrifices à l'intérêt national ; mais ils ne sauraient les faire aux particuliers, et encore moins à ceux qui abusent du moratorium.

C'est avec les théories des collectivistes qu'on en est arrivé à détourner la question des loyers de son véritable terrain et à faire croire qu'elle est à debattre entre les propriétaires et les locataires, alors qu'elle ne doit exister qu'entre l'État et les locataires.

Il est à souhaiter que la loi qui sera votée soit équitable, et qu'elle se rapproche du droit commun, en tenant compte du moratorium légal édicté par l'article 1244 du Code civil.

Ce qui est certain, c'est que lorsque cette loi aura été votée, le moratorium des loyers qui, au début de la guerre avait paru opportun, et qui, par la suite, est devenu si dangereux, aura vécu !

2^{ent}

Le Moratorium, à Monaco

C'est par une Ordonnance du 28 septembre 1914, qu'a été institué le régime du Moratorium des loyers dans la Principauté de Monaco, dont le principe a été inspiré par l'établissement du moratorium, en France, du 14 août précédent.

Nous venons d'exposer que le moratorium de France, opportun à l'origine, était devenu, par la suite, préjudiciable, et que son abrogation n'était plus qu'une affaire de jours.

Nous avons à démontrer que le moratorium monégasque doit suivre le même sort, parce que : son établissement ne fut pas justifié ; son caractère était dépourvu d'impartialité ; ses effets sont désastreux ; et enfin, parce que l'Ordonnance du 9 mars 1915, aurait dû le condamner à disparaître.

1° Monaco est un État renfermé, de toutes parts, dans les limites de la France. On comprend qu'un État dominé soit porté à harmoniser ses lois et règlements avec ceux de l'État dominant, en raison de sa situation géographique et de la communauté fréquente de leurs intérêts économiques.

L'exemple donné par la France fut donc suivi à Monaco. Nous n'avons à nous occuper ici que du moratorium des loyers. Celui qui fut établi à Monaco présente des différences essentielles d'avec celui de France. Celui-ci s'appliquait à tous les locataires français, sans distinction de situation, et dont les loyers ne dépassaient pas le prix de mille francs pour Paris, et celui de six cents francs pour les autres villes. Celui de Monaco, au contraire, ne s'applique qu'à une catégorie de locataires : les commerçants et industriels pour les locaux affectés à leurs commerces ou industries, quel que soit le prix des loyers.

Cette mesure qui se justifiait pour la France, à condition que la guerre ne durât pas longtemps, est injustifiable pour la Principauté.

Monaco, État neutre et indépendant, échappait, en effet, à la préoccupation de : « la défense nationale ». Son Gouvernement n'avait à veiller qu'au maintien de la paix publique. Or, cette paix, n'étant pas menacée, le besoin du moratorium ne se faisait nullement sentir.

L'article 1099 du Code Civil Monégasque, qui est pareil à l'article 1244 du Code Civil français, offrait aux locataires tous les apaisements désirables, et le Gouvernement n'avait qu'à donner aux Tribunaux les instructions nécessaires pour que ce moratorium légal fut appliqué dans une large mesure. Cette application aurait amené des arrangements heureux, pour la durée de la guerre, entre les propriétaires et les locataires, sans que les principes du Code Civil eussent à souffrir.

Le Gouvernement monégasque préféra s'immiscer dans les conventions des particuliers en prenant la mesure du moratorium forcé, qui eût pour effet de suspendre l'exécution des baux en faveur d'une seule catégorie de locataires. Il fit ainsi un acte de réquisition qui, suivant la thèse soutenue par l'honorable M. Lairolle, député, est un acte de Gouvernement engageant sa responsabilité et l'obligeant à réparer le préjudice qu'il aura pu occasionner.

On reconnaîtra qu'il n'est que temps de mettre un terme à ce moratorium, ne serait-ce que pour arrêter le cours de la responsabilité encourue et l'aggravation du préjudice déjà porté.

Mais le défaut de causes justificatives de l'établissement de cette mesure est une raison *suffisante* pour la faire rapporter.

2° Cette mesure n'a même pas eu le mérite d'être impartiale, ni envers les locataires, ni envers les Propriétaires.

Elle a été prise, non en faveur de tous les Locataires de la Principauté, mais en faveur d'une seule classe de locataires : les commerçants et les industriels, et sans avoir fait de distinction entre ceux qui, étant riches, ont les moyens de payer leurs loyers, et ceux qui, étant momentanément gênés, ne peuvent pas payer les leurs.

Elle a été prise, en outre, à l'encontre non de tous les Propriétaires d'immeubles, mais seulement à l'encontre de ceux qui louent les leurs à des Commerçants ou à des Industriels.

Dans ces conditions, le moratorium des loyers n'était pas équitable, et il battait même en brèche les principes de la solidarité.

Ce qu'il y a de particulièrement choquant, c'est que, au nombre de ses bénéficiaires, il ne comprend pas les locataires mobilisés qui ne sont ni Commerçants, ni Industriels, et qui ont pu laisser dans la Principauté leurs femmes et des enfants sans ressources suffisantes pour payer, ni les ouvriers sans travail.

On ne peut que constater, avec regret, tant de sollicitude pour les uns. et tant d'indifférence pour les autres, alors que tous sont également dignes d'intérêt.

Pour justifier ces classifications de locataires dont les uns bénéficient du Moratorium et les autres en sont privés, et de propriétaires dont les uns sont frappés par le Moratorium et les autres en sont indemnes, on a invoqué la nécessité de protéger le Commerce et l'Industrie. Cette objection n'est pas fondée ; nous l'avons réfutée dans un rapport précédent. C'est, néanmoins, pour cette raison, que le Moratorium des loyers a été fait en faveur des Commerçants et des Industriels contre les propriétaires seuls qui leur louent les locaux qu'ils occupent. Cette raison est à retenir. Les conséquences en seront déduites plus loin.

Si on en avait fait bénéficier les locataires non commerçants et non industriels, et spécialement ceux d'entr'eux qui sont mobilisés on aurait, au moins, fait disparaître l'inégalité de traitement. Or, l'État monégasque. qui a accueilli avec tant d'humanité les blessés de la guerre et les réfugiés et qui, ainsi, a inscrit une si belle page dans l'histoire de la Principauté, s'est révélé dans le Moratorium des loyers, pour ces catégories de locataires: *État neutre !* C'était son droit. Mais combien aurait-on mieux apprécié qu'il eût traité ces locataires sur le même pied que les Commerçants et les Industriels et que la mesure fût prise contre tous les Propriétaires et non contre une catégorie d'entr'eux. Combien l'impartialité, l'équité et la solidarité ont dû souffrir d'une pareille conception !

L'absence de ces trois caractères dans le Moratorium suffit pour en déterminer la disparition.

3° Si on examine cette mesure au point de vue de ses effets, on peut lui appliquer tous ceux que le Moratorium français a produits.

Ces effets sont, en France, désastreux. Mais, à Monaco, ils le sont davantage pour les propriétaires qui n'ont comme locataires que des Commerçants et des Industriels et qui n'ont pour vivre que les loyers de leurs immeubles. Ceux-ci, à l'abri du Moratorium, se refusent à payer même tous acomptes sur leurs loyers ; ils n'en continuent pas moins à jouir des lieux loués, à encaisser les loyers de leurs sous-locataires, sous les yeux de leurs propriétaires, et sans leur en faire part.

Il est incontestable que, sans le Moratorium, ces abus ne se seraient pas produits ; que beaucoup de locataires commerçants et industriels auraient payé leurs loyers ou auraient versé des acomptes, ou auraient fait avec leurs propriétaires des arrangements pour la durée de la guerre.

Par le fait de l'existence du Moratorium, les propriétaires, ne recevant rien : sont impuissants à faire honneur à leurs engagements, c'est-à-dire payer leurs dettes hypothécaires ou le solde des prix de leurs constructions ; sont obligés de contracter de nouvelles obligations pour vivre ; doivent ajourner l'exécution des réparations nécessaires à leurs immeubles qui périclitent ; et ne peuvent rien entreprendre qui soit d'intérêt général.

Mais que sera-ce lorsque, après la guerre, la crise immobilière se fera sentir ?

A Monaco, comme en France, le Moratorium est jugé par ses effets, et, ces effets sont suffisants pour faire décider que l'Ordonnance qui l'a édicté doit être abrogée, comme le sera le Décret français.

4° L'abrogation de l'Ordonnance sur le Moratorium des loyers aurait dû être faite par un article de l'Ordonnance sur leur réduction.

Lorsqu'on procède à un arbitrage, la suppression d'une partie du prix en discussion doit avoir comme conséquence le paiement de l'autre partie ; ce paiement ne peut être arrêté par un Moratorium : il est la sanction naturelle de la sentence.

Suivant ce principe, le tribunal des loyers (en supposant que l'Ordonnance en vertu de laquelle il agit, ait le caractère d'une loi), après avoir condamné le propriétaire à subir une réduction du prix du loyer, doit, en bonne justice, condamner le locataire à payer immédiatement le surplus.

Il ne peut pas concilier les deux Ordonnances dont l'une autorise les locataires commerçants et industriels à ne pas payer leurs loyers, dont l'autre les autorise à n'en payer qu'une partie, parce que ce serait contradictoire. Or, par suite de la combinaison des deux Ordonnances, le moratorium est appliqué à la partie de loyer qui n'est pas réduite, de telle sorte que les propriétaires des locaux affectés au commerce et à l'industrie, *ne touchent absolument rien et sont les victimes des deux mesures.*

En dehors de la situation de fait, il y a donc là une *situation juridique anormale* qu'on ne peut se dispenser d'exposer.

Un bail est un contrat synallagmatique et l'obligation de l'un des contractants a pour correspectif l'obligation de l'autre.

A l'obligation de payer le loyer qui pèse sur le locataire, correspond l'obligation pour le propriétaire de faire jouir son locataire de l'immeuble loué de la façon la plus complète.

Si l'une des parties manque à ses obligations, l'autre doit être déliée des siennes.

C'est le vieux principe du droit romain : « *Do ut des, facio ut facias* ». C'est le principe de l'éternelle justice.

Et cela est si vrai que l'on voit le Code civil, lorsque le propriétaire ne peut plus faire jouir complètement de l'immeuble son locataire, qu'il y ait perte totale ou partielle de la chose louée, accorder au locataire soit la réalisation du bail, soit des dommages-intérêts correspondant à une diminution de loyer.

Réciproquement, le locataire ne payant pas son loyer, le propriétaire a le droit de demander la résiliation du bail et de reprendre la pleine disposition de son immeuble.

Or, à Monaco, par une véritable anomalie, la situation est renversée.

Les propriétaires continuent à remplir leurs obligations. Ils continuent à faire jouir des lieux loués leurs locataires-commerçants et industriels ; et ceux-ci ne paient rien sur leurs loyers. Ces loyers sont diminués dans des proportions énormes, en vertu de l'Ordonnance du 9 mars 1915, et en outre, pour la partie restante, ils jouissent d'un moratorium qui leur donne des délais sans cesse renouvelés et, pour ainsi dire, indéfinis !

Donc, les propriétaires font ce qu'ils doivent en vertu du bail, et les locataires commerçants et industriels ne le font pas.

Sur quels principes de droit, de justice, d'équité, une pareille dérogation s'est-elle établie *dans un État neutre et indépendant?*

Si on avait considéré la guerre comme étant un cas de force majeure, il aurait fallu la déclarer : « *cas de force majeure* », *en août 1914 et, dès son début, déclarer tous contrats de baux annulés;* car, si l'une des parties ne pouvait plus accomplir ses obligations, il était juste de libérer l'autre. Pourquoi avoir fait un choix entre elles ? Le bail est une chaîne : le locataire est délié ; le propriétaire seul reste attaché !

Mais, à mesure que le temps s'écoule, puisque les commerçants et industriels ont continué à occuper les immeubles à eux loués, il n'y a aucune raison pour frustrer les propriétaires du prix de cette occupation, même dans les proportions réduites découlant de l'application de l'Ordonnance du 9 mars 1915.

Cet argument de droit sera-t-il suffisant pour prouver que la mesure du Moratorium des loyers aurait dû être rapportée, au plus tard, par l'Ordonnance du 9 mars 1915 ?

Par l'ensemble des considérations de faits qui précèdent, auxquelles vient s'ajouter ce dernier argument de droit, nous croyons avoir fait la démonstration de l'impossibilité de laisser subsister cette mesure du « Moratorium des loyers ».

Il s'agit, maintenant de voir si les arguments contenus dans la réponse à la requête des propriétaires, sont suffisants pour faire maintenir l'Ordonnance du 9 mars 1915.

§ 2me

L'Ordonnance
relative à la Réduction des Loyers

La deuxiéme mesure arrêtée fut l'Ordonnance du 9 mars 1915 qui devait dépouiller de leurs légitimes revenus les Propriétaires ayant loué leurs immeubles à des Commerçants ou à des Industriels.

Les arguments et considérations présentés à Son Altesse Sérénissime le Prince dans leur troisième Requête du 30 août 1915, pour démontrer que cette Ordonnance devait être abrogée ou modifiée, n'ont point parus suffisants.

Qu'il nous soit permis de dire que ceux qui les ont lus n'ont point partagé cet avis. Ils ont estimé qu'ils avaient réfuté les Réponses de M. le Ministre d'État aux premières Requêtes des Propriétaires ; et que l'abrogation, ou une modification essentielle de ladite Ordonnance s'imposait plus que jamais.

L'insistance à vouloir la maintenir indique simplement combien il est difficile de sortir d'une voie dans laquelle l'erreur a fait entrer !

En faveur de ce maintien, Son Excellence Monsieur le Ministre d'État nous expose dans sa lettre de nouvelles raisons. Il convient d'en examiner la valeur.

Ce ne sont pas des raisons de droit. La question de droit est, au contraire, soigneusement éludée. Ce sont des considérations de faits. Sont-elles suffisantes pour justifier le maintien de l'Ordonnance du 9 mars ?

Nous allons élucider cette question.

1^{ent}

> « En fait, dit la lettre de Monsieur le Ministre d'État, les consé-
> « quences déjà produites par l'Ordonnance démontrent à quel
> « point elle a été opportune ».

Il ne s'agit donc pas de la valeur de l'Ordonnance en elle-même, mais de son *opportunité*. Sa valeur est donc quantité négligeable : peu importe qu'elle soit légale ou illégale, équitable ou inique. L'opportunité, c'est tout.

Nous avons déjà démontré combien la première mesure « du Moratorium » fut inopportune. Tous les motifs d'inopportunité qui se trouvent dans cette démonstration sont, à plus forte raison, applicables à l'Ordonnance relative à la réduction des loyers ».

Mais en quoi cette Ordonnance aurait-elle été opportune ?

Par une statistique on fait connaître que sur les différends suscités entre les Propriétaires et les Locataires :

102 auraient été l'objet de jugements ;

66 auraient été arrangés devant le Tribunal ;

6 auraient été conciliés par les soins de M. le Président du Tribunal ;

121 auraient été abandonnés ;

et 116 resteraient à juger.

Cette évaluation numérique n'a pas plus démontré l'opportunité de la mesure prise que la valeur morale de ses conséquences.

Elle n'a donc pu dire ce que tout le monde a pu constater :

Qu'un tribunal régulier de conciliation aurait pu obtenir des résultats plus heureux, sans être obligé de prononcer des réductions de loyers qui équivalent à de véritables spoliations si les Propriétaires ne sont pas indemnisés, et sans enfreindre les principes du Code ; que, dans la composition du tribunal spécial il s'est trouvé des hôteliers qui ont jugé des hôteliers ; que nombreux ont été les locataires qui ont assigné directement sans même se donner la peinede voir leurs propriétaires ; qu'ils ont fait admettre leurs demandes de réduction de loyer par la seule preuve que leurs recettes avaient baissé de moitié pendant la guerre, sans que le Tribunal eut le pouvoir d'examiner quelle avait été la situation des années précédentes ; que les livres de Commerce produits, n'ayant pas été tenus conformément aux prescriptions du Code de Commerce, étaient irréguliers ; que les comptabilités qu'ils contenaient avaient été faites pour les besoins de la cause et contrairement aux usages commerciaux ; que les réductions de loyers, accordées par le Tribunal qui était allé jusqu'au 65 p. °/. avaient été excessives ; enfin, que le tout avait formé un ensemble de faits anormaux qui, en aucun cas, n'auraient pu servir d'exemples.

Tous ces faits indéniables prouvent, par expérience, combien peu l'Ordonnance sur les loyers a atteint le but qu'elle se proposait, paraît-il.

Si on ajoute ces autres considérations que : pour les préparations de l'Ordonnance sur le Moratorium des loyers, et de celle relative à leurs réductions, le Conseil National n'a pas été convoqué, d'où : l'inconstitutionalité des deux Ordonnances ; que l'on n'a pas consulté les Propriétaires : ce qui eût été naturel ; et que l'on n'a fait aucun cas des Propriétaires étrangers qui représentent la majorité et qui n'ont pas manqué d'apercevoir les dangers d'une pareille situation : on ne doit pas s'étonner qu'un malaise règne parmi les Propriétaires !

Essaiera-t-on encore de justifier cette mesure par le fait accompli de son application ?

On a déjà dit que les Propriétaires surpris par sa promulgation, s'étaient laissés amener par leurs locataires devant le Tribunal : ce qui était chose anormale et pouvant faire croire qu'ils n'étaient que des gens taillables et corvéables à merci. Ils ont fait simplement acte de respectueuse déférence envers le Pouvoir Souverain. Mais cette tacite condescendance n'impliquait pas l'abandon des réserves qui sont de droit pour réclamer la réparation du préjudice que leur cause la réduction de leurs loyers. Aussi, nombreuses furent les lettres de protestations, adressées à leur Commission.

Il ne nous convient pas de les publier ; mais pour ne pas laisser croire qu'elles sont imaginaires, il est utile d'en reproduire quelques extraits :

L'un dit :

> « J'adhère volontiers à l'Association des Propriétaires de
> « Monte-Carlo, association absolument utile en ce moment où tous
> « les avantages sont du côté des Locataires au détriment des Pro-
> « priétaires. »

Un autre dit :

> « Le Prince dont la justice est connue comprendra l'erreur et
> « donnera la légitime satisfaction à chacun. C'est le seul moyen,
> « du reste, de ne pas créer une crise terrible dans la Principauté. »

Dans une autre encore, on lit :

> « Ne pensez-vous pas, Monsieur le Président qu'il serait bon de
> « consulter un juriste faisant autorité comme, par exemple,
> « M. Renault, l'un des auteurs de la Constitution que le Prince a
> « octroyée à la Principauté, ponr savoir si..... on peut dépouiller
> « arbitrairement 620 Propriétaires français qui ont acheté et payé
> « des immeubles dans la Principauté sur la foi des traités et sur
> « le respect dû aux Contrats ? »

Dans une autre on lit :

> « Considérer le Propriétaire comme un associé dans la période
> « des années maigres, seulement, est contraire au droit et à
> « l'équité. »

Un autre demande :

> « Ce que devient la Constitution si on s'arroge le droit de don-
> « ner quittance aux lieu et place des créanciers ? »

Encore un qui, après avoir exposé sa détresse écrit :

> « J'ai tenu à vous donner l'exemple de ma ruine et en même
> « temps à vous remercier de votre œuvre loyale de Justice. »

Enfin, au dernier moment, nous recevons une lettre d'une personne qui nous fait connaître que certains Commerçants, au lieu de payer leurs loyers, avaient souscrits aux emprunts nationaux de France et d'Italie.

Nous n'irons pas plus loin dans ces citations que nous n'aurions pas faites si la question de l'opportunité de l'Ordonnance soulevée par le chef du Gouvernement, fidèle gardien de la Constitution du 5 janvier 1911, ne nous y avait contraint.

Il faut reconnaître qu'une Ordonnance qui a provoqué de telles appréciations et qui a produit de telles conséquences n'était pas opportune.

L'argument de son « opportunité » n'est donc pas suffisant pour faire maintenir cette mesure.

II^{ent}

1° A un autre point de vue, on croit pouvoir justifier le maintien de l'Ordonnance par ce dire :

> « On doit être satisfait de constater que vraisemblablement gagnés
> « par l'exemple de ce qui se passait dans la Principauté, de nom-
> « breux propriétaires, dans plusieurs villes voisines, et notam-
> « ment à Nice, ont accordé sur les loyers une moyenne de réduc-
> « tion de 50 %. »

Nulle part, il n'a pu être constaté que ce qui s'est passé à Monaco ait pu servir d'exemple au dehors, si ce n'est pour le non paiement des loyers.

Dès que les hôteliers eurent réussi à obtenir ladite Ordonnance, celle-ci produisit à Beausoleil l'effet de faire prendre aux locataires de cette ville la résolution de ne plus payer leurs loyers et « d'attendre la loi française qui, disaient-ils, devait, comme celle de Monaco, les exonérer de ce paiement ».

C'est le seul effet produit par cette Ordonnance, et cet effet a été néfaste. Il n'y a donc pas lieu d'en être satisfait. Combien de propriétaires de Beausoleil, en sont les victimes !

Loin de s'enorgueillir de cette Ordonnance, la Principauté doit la déplorer, en raison de la responsabilité morale qu'elle lui a fait encourir au dehors.

Serait-il exact qu'elle ait exercé sur les Propriétaires de Nice l'influence de les amener à réduire les loyers jusqu'au 50 % ?

Si, pour quelques rares cas particuliers, cette réduction a pu être convenue, c'est que la convention a dû comporter d'autres avantages pour le propriétaire, ou que celui-ci, ayant besoin d'argent, aura fait cette concession à condition de toucher immédiatement la différence. Mais la règle d'une pareille réduction n'a nullement été établie.

Dans une lettre du 28 décembre 1915, qui nous a été adressée par M. Maurel, président du Syndicat des Propriétaires de Nice, se trouve ce passage :

> « Il n'est pas à ma connaissance ni à celles des personnes de
> « mon entourage que j'ai consultées, qu'il ait été amiablement con-
> « senti des réductions de loyers allant jusqu'au 50 %.

« Pour faciliter des arrangements particuliers, dans des condi-
« tions très spéciales, notre Syndicat a fait consentir des réduc-
« tions à quelques-uns de nos adhérents, mais je puis affirmer
« qu'en moyenne ces réductions n'ont pas dépassé 10 à 15 o/o du
« prix des loyers ».

Le Syndicat des Propriétaires de Nice est placé mieux que personne pour dire ce qu'il en est de cette question, et la personnalité de son Président est assez avantageusement connue pour que son affirmation ne puisse être mise en doute, alors même qu'elle contredirait une allégation du Ministre d'Etat de Monaco.

L'exemple de ce qui s'est passé dans cet État n'a donc pas du tout gagné les Propriétaires de Nice.

Si on pouvait dire que des réductions allant jusqu'au 20 $^o/_o$ au maximum, y auraient été faites, on serait encore loin du 50 $^o/_o$!

La constatation dont il est parlé dans la lettre ministérielle ne peut donc procurer la satisfaction de voir que la réduction du 50 $^o/_o$ sur le prix des loyers a été adoptée à Nice.

2° La justification de ce maintien de l'Ordonnance est, ensuite, étayée sur cette raison flatteuse que :

« Aussi, la majorité des projets de loi sur la question des loyers
« en France, contiendraient ou reproduiraient les principes consa-
« crés par l'Ordonnance Princière ».

Après l'allégation qui vient d'être réfutée que l'Ordonnance Monégasque aurait influencé les Propriétaires de Nice et environs pour leur faire adopter la réduction de 50 $^o/_o$ sur leurs loyers, voilà qu'on prétend que les députés français se seraient emparés de ses principes et les auraient reproduits dans leurs projets de loi sur les loyers !

L'Ordonnance Princière serait donc une panacée à l'usage non seulement de la Principauté, mais encore de la France entière !

La note dominante de l'Ordonnance Monégasque, promulguée le 23 mars 1915, est la *réduction du prix des loyers* pour les locaux affectés au Commerce et à l'Industrie. C'est l'article premier qui en établit le *principe*.

Or, ce principe consacre celui de l'expropriation des uns au profit des autres : il est rationnel, si son application est suivie du paiement d'une indemnité.

S'il n'en est pas ainsi, il constitue la spoliation d'une catégorie de citoyens au profit d'une autre catégorie ; et ce principe est subversif.

Les dirigeants de la Principauté seraient-ils allés d'eux-mêmes si avant dans le chemin tracé, en France, par les socialistes unifiés et collectivistes, s'ils n'avaient trouvé ce principe inscrit déjà dans leur programme ?

Peut-on dire que c'est l'Ordonnance Princière qui aurait ouvert l'horizon aux députés français et les aurait incités à se faire les Apôtres de ce principe ?

Ne serait-ce pas plutôt que ce principe aurait été introduit dans l'Ordonnance, après avoir été puisé dans des projets de Loi antérieurs de Députés français ?

Sur le Bureau du Parlement français, 19 projets de loi ont été deposés. Dans leur nombre n'y en avait-il pas qui, antérieurs à l'Ordonnance, contenaient déjà, le principe de la réduction des loyers ? Parmi eux se trouvent ceux de Messieurs Bachimont, Ernest Lamy et Robin, Georges Berry, Pierre Rameil et François Gouyon, et Ignace, pour ne citer que ceux-là qui, tous, ont à la base le principe de la réduction des loyers et qui sont antérieurs à l'Ordonnance publiée le 23 mars 1915.

Et alors, comment pouvoir prétendre que la majorité des projets de loi contiendraient ou reproduiraient les principes consacrés par l'Ordonnance Princière qui est postérieure à des projets de loi de députés français qui les ont consacrés ?

A la Chambre des Députés, où les débats ont pris une ampleur remarquable les orateurs les plus qualifiés ont exposé leurs arguments pour ou contre sans qu'aucun d'eux ait fait la moindre allusion à l'Ordonnance Monégasque : ce qui prouverait qu'elle n'a nullemment inspiré les projets de loi en discussion.

Ne seraient-ce pas plutôt nos modestes études sur la question des loyers dans la Principauté qui aurait éveillé l'attention des législateurs français ?

La vérité est que les savants parlementaires qui ont traité à la Tribune cette question, n'ont eu besoin des suggestions de personne.

Mais serait-il exact que l'Ordonnance Monégasque aurait ouvert la voie à ceux qui, en France, préconisent les spoliations, est-ce à dire que la Principauté, pays du respect des lois et de la propriété privée, pays conservateur par excellence, devrait être satisfaite et se glorifier de ce fait ? N'aurait-elle pas à le regretter un jour.

Ce dernier argument est trop extraordinaire pour être accueilli. Il ne saurait écarter le sort réservé à l'Ordonnance du 9 Mars 1915.

III^{ent}

Après s'être complu dans la satisfaction qu'ont dû procurer les conséquences de l'Ordonnance du 9 mars 1915, on fait une diversion en disant :

> « Sans doute quelques décisions intervenues ont été critiquées
> « et ont fait des mécontents, mais n'en est-il pas de même à l'oc-
> « casion de la plupart des procès ? »

C'est, à la fois, reconnaître que les décisions du Tribunal n'ont pas été du goût de tout le monde, et essayer d'apaiser les mécontents par une fiche de consolation.

Cette comparaison entre des plaideurs ordinaires et des plaideurs extraordinaires, comme les propriétaires qui sont mandés par leurs locataires devant un tribunal qui, lui aussi est extraordinaire, a quelque chose de peu banal.

Toutefois, il ne s'agissait pas de voir si les propriétaires avaient été satisfaits des sentences ou de les consoler de leur mésaventure en les comparant aux plaideurs malheureux : il s'agissait de prouver que les arguments qui avaient été invoqués dans la troisième requête contre l'Ordonnance du 9 mars 1915, n'avaient pas été suffisants pour faire revenir sur cette mesure.

Or, cette preuve n'a pas été faite.

Combien eussions-nous été heureux de lire la démonstration que l'Ordonnance du 9 mars 1915 n'est pas anticonstitutionnelle, antijurique, antisociale, antiéconomique ; qu'elle n'enlève pas aux biens la protection de la Loi ; qu'elle est d'accord avec le principe des législations des Pays civilisés pour proclamer l'inviolabilité de la propriété privée, et avec ceux du droit international qui établissent la réciprocité législative avec les Pays étrangers ! Combien nous eussions été satisfaits de trouver la preuve que les mesures prises ne sont pas des mesures de spoliation, qu'elles sont équitables.

Nous nous serions inclinés respectueusement devant les arguments qui auraient détruit notre thèse.

On ne nous oppose que des dérivatifs ne produisant aucun effet et, sentant la gravité des responsabilités encourues, on va au-devant de la demande de réparation, dans l'espoir de la conjurer, et on pose cette question :

> « Est-il rationnel que pour empêcher le mécontentement des
> « propriétaires, on prétende que le Trésor Princier doive leur
> « rembourser les réductions de loyers accordées aux locataires ? »

Poser la question, c'est la résoudre.

Ce n'est pas nous qui l'aurons fait naître : on nous aura obligé à y répondre.

Toute réclamation doit avoir une base juridique.

La base des prétentions des propriétaires au remboursement des réductions de loyers accordées en vertu de l'Ordonnance du 9 mars 1915, est fournie par M. le Ministre d'État lui-même, dans l'un des motifs de sa réponse du 1er juillet 1915, et est formulée en ces termes :

> « Il y a une *nécessité d'ordre général* à ne point compromettre
> « le commerce local et, par conséquent, à soulager les charges
> « des Commerçants ».

C'est dire que c'est dans un *but d'intérêt général* que des mesures de protection et d'aide, sous forme de réduction de loyers, ont été prises, pour la durée de la guerre, spécialement en faveur des commerçants et des industriels.

Cette protection, cet aide, ainsi prescrits par une Ordonnance, avaient incontestablement *le caractère d'utilité publique*.

Il est de règle que, lorsque l'État prend une mesure qui revêt ce caractère, il doit en assumer la charge.

C'est le contraire qui a été fait.

Le principe de la protection et de l'aide résulte bien de la mesure prise, mais ce n'est pas l'État qui s'est chargé d'en fournir les moyens. Il a préféré faire peser cette charge, non sur l'ensemble des citoyens, mais sur une partie seulement d'une catégorie d'entr'eux : les Propriétaires qui louent leurs immeubles à des commerçants où à des industriels.

Cette façon de protéger et d'aider le commerce et l'industrie en rançonnant, par des réductions de loyers, une catégorie spéciale de propriétaires, est vraiment originale.

Malheureusement, elle a engagé la responsabilité de l'État. Ce n'est pas avec quelque palliatif sociologique, qu'on pourra l'atténuer. La Jurisprudence écarte bien la responsabilité de l'État lorsqu'il agit comme puissance publique pour l'exécution des Lois ; mais ici, il ne s'agit pas d'exécution ; il s'agit de la Loi en elle-même.

Et alors se pose ce dilemme : ou bien l'Ordonnance est inconstitutionnelle ; ou bien elle est revêtue de tous les caractêres d'une Loi.

Dans le premier cas, elle serait radicalement nulle, et les jugements auxquels elle a servi de base seraient entachés de nullité.

> Observation faite que le tribunal qui a rendu les sentences n'avait pas à examiner si les conditions, exigées pour que l'Ordonnance fût valide, avaient été remplies : il était tenu d'appliquer l'Ordonnance sans en juger la validité.

Les propriétaires pourraient donc déférer les jugements dont ils ont été l'objet, à la Cour Suprême instituée par l'article 14 de la Constitution.

Dans le second cas, l'Ordonnance ayant les caractères de validité, devrait produire son entier effet.

Or, l'effet produit ayant été l'expropriation des loyers, il devrait avoir comme complément nécessaire, le paiement de l'indemnité.

Les loyers sont les fruits civils appartenant aux Propriétaires par droit d'accession, (art. 441 du C. C. Monégasque, art. 547 du C. C. Français).

Donc, ceux qui entre les citoyens du Pays ont été exclusivement discernés pour venir en aide au Commerce et à l'Industrie au moyen de réductions des loyers de leurs immeubles, auraient le droit de réclamer la juste indemnité qui leur est due, et la réparation de tous préjudices que cette expropriation leur a causés.

Leur droit de propriété, comportant le droit aux revenus est, ainsi qu'il est dit dans le préambule de la Constitution, non seulement proclamé, mais garanti par le recours qu'ils pourraient faire devant la Cour Suprême.

On ne saurait constater qu'il y ait eu préjudice.

Le préjudice a été double, puisqu'il a été causé par deux Ordonnances : celle du Moratorium et celle relative à la réduction des loyers.

Incontestablement ces mesures ont été prises exclusivement au profit d'une seule catégorie de citoyens, pour protéger le Commerce et l'Industrie.

Donc :

A l'égard de la première, nous pouvons dire avec M. LAIROLLE, député de Nice, que l'Etat, en suspendant l'exécution des baux, le paiement des loyers et le privilège des Propriétaires, a exercé « une réquisition » qui l'a rendu responsable des pertes de loyers, des intérêts moratoires et de tous autres préjudices causés par cette mesure.

Nous trouvons dans le *Bulletin* des Propriétaires de Nice, de février 1916, une lettre du 10 janvier précédent, de M. RAIBERTI, député de Nice, qui confirme cette démonstration en ces termes :

> « Il ne fait pas de doute pour moi ni, je pense, pour personne,
> « que l'Etat, ayant suspendu par un acte de la puissance publique,
> « l'exécution d'un certain nombre de baux, est *responsable* de
> « cette suspension et *doit une indemnité* aux propriétaires *pour*
> « *le préjudice* qu'il leur a causé »

A l'égard de l'Ordonnance du 9 mars 1915, considérée comme une Loi revêtue de tous les caractères de validité, nous avons démontré avec M. BERTHELÉMY, professeur à la Faculté de Droit de Paris, que les loyers réduits par le Tribunal avaient fait l'objet *d'une expropriation des uns au profit des autres*, et ce, dans l'intérêt majeur, nous dit-on, de la *vitalité nationale.*

Dans ces conditions, la réquisition et l'expropriation ayant un *caractère indéniable d'utilité publique* doivent, à plus forte raison, donner lieu à l'indemnité.

En donnant cet avis, le savant Jurisconsulte a montré le respect qui est dû au Code Civil, à la Constitution et à la Loi sur l'expropriation.

A Monaco, comme en France, la Loi sur l'expropriation pose en principe que tout citoyen à qui l'Etat prend quelque chose doit être dédommagé.

Dans tous les autres pays civilisés, il en est de même.

Il n'y aurait donc rien d'irrationnel à ce que les Propriétaires de Monaco prétendissent au remboursement des réductions de loyer.

Pour obtenir ce dédommagement, ils pourraient encore se fonder sur l'article 1289 du Code civil monégasque (article 1382 du Code civil français), qui est ainsi conçu :

« Tout fait quelconque de l'homme qui cause à autrui un dom-
« mage, oblige celui par la faute duquel il est arrivé à le
« réparer ».

A ce principe s'ajoute le principe moral du *« devoir de justice »*, parce que la justice est une vertu qui fait qu'on rend à chacun ce qui lui appartient.

Ces principes sont indiscutables. Ils prouvent que les mesures prises ne sauraient être maintenues, et qu'il y a lieu de pourvoir à des mesures de réparations des préjudices causés.

Qui en paiera le montant ?

M. le Ministre d'État (il faut lui rendre cette justice) ne disconvient pas de la nécessité de la réparation ; mais, ne sachant comment s'en tirer, il agite le spectre des impôts !

C'est une question qu'il faut examiner.

TROISIÈME QUESTION

Menace d'établissement d'Impôts dans la Principauté

La menace d'établissement d'impôts dans la Principauté a été faite, en premier lieu, par les Commerçants et Industriels dans leur Requête du 1ᵉʳ septembre 1915 (page 22), où il est demandé :

> « Que diraient les Propriétaires si la réunion de ces éléments
> « (articles 3 et 431 du Code civil et article 32 de la Constitution)
> « aboutissait un jour à une loi surprenante soumettant leurs libres
> « immeubles à quelques contributions ? »

A cette question ironique, on ne peut s'empêcher de répondre :

Que diraient les Commerçants et Industriels si, en vertu du principe éminemment équitable de *« l'égalité de tous les citoyens devant l'impôt »*, les impôts qui seraient établis les atteignaient par des contributions personnelles et mobilières, celle des patentes, des droits d'octrois, des frais de voirie et des taxes de toutes natures, sans parler de l'impôt sur les bénéfices commerciaux ?... Lorsqu'on ouvre cette voie, on ne sait jamais où l'on s'arrête. Bien imprudents ont été ceux qui l'ont ouverte !

Son Excellence Monsieur le Ministre d'Etat n'a pas manqué d'y suivre les Commerçants et Industriels en disant dans sa lettre :

> « On oublie donc que les Propriétaires sont exempts d'impôts à
> « Monaco et que, en France, si des indemnités étaient jamais
> « accordées aux Propriétaires en contre-partie des réductions des
> « loyers, ces indemnités seraient dans l'avenir payées par une
> « contribution prélevée sur l'ensemble des citoyens basée sur le
> « principe de la solidarité. »

Les Propriétaires n'oublient nullement qu'ils sont exempts d'impôts, en vertu de l'Ordonnance Souveraine du 8 février 1869, dont nous avons parlé dans notre rapport (page 18) du 30 novembre 1915, qui est antérieur à la lettre ministérielle.

Par conséquent, ils n'ignorent pas que cette mesure émane de l'esprit clairvoyant et du cœur généreux de Son Altesse Sérènissime le *Prince Charles III*, de vénérée mémoire ; qu'elle eut pour objet d'assurer le développement et la prospérité de ses Etats, en même temps que de marquer sa sollicitude envers ceux qui les habitent ; qu'elle eut ainsi une haute portée économique et politique ; et que rétablir les impôts serait aller à l'encontre du but que ce Souverain a poursuivi, et détruire son œuvre !

C'est sur la foi de l'existence de cette Loi que les Propriétaires et les Capitalistes de la Principauté et ceux venus du dehors ont : les uns, acquis des propriétés, ou fait édifier des villas et des maisons de rapport ; et les autres, placé sur ces immeubles des sommes qui s'élèvent, à l'heure actuelle, au chiffre fantastique d'environ **Quarante cinq millions** de francs. Or, c'est grâce à ces Propriétaires et à ces Capitalistes que la Principauté, est devenue une grande et belle ville. Ce résultat est dû incontestablement à l'exonération de tout impôt foncier ; car, si les Propriétaires et les Capitalistes n'avaient pas compté sur la certitude que des impôts ne diminueraient pas la valeur de leurs immeubles et de leurs gages, les premiers n'auraient pas acquis des terrains et fait bâtir, les seconds n'auraient pas prêté : pour les uns, comme pour les autres, il n'y aurait pas eu de raison d'opérer là plutôt que dans les Pays voisins ; et alors, au lieu de voir se développer l'essort rapide que l'Ordonnance du 8 février 1869 lui avait donné, la Principauté serait encore ce qu'elle était il y a 35 ans.

En fait, il y a donc là une question de bonne foi dont on ne saurait faire fi.

Et, en droit, cette Ordonnance et ses heureuses conséquences n'ont-elles pas établi entre l'Etat Monégasque et les Propriétaires et les Prêteurs hypothécaires, un lien, un contrat, qui les lie mutuellement, et qu'on ne saurait briser sans compromettre de gros intérêts ?

La Principauté ne peut pas être assimilée à l'Etat français qui n'est lié avec les Propriétaires d'immeubles par aucun lien de droit et qui a toute sa liberté d'action.

Si, en France, l'Etat était obligé d'établir un impôt pour payer les loyers de certains locataires impuissants à les payer, la charge de cet impôt spécial devrait peser sur l'ensemble des citoyens, en vertu des principes de la solidarité, de l'égalité et de la fraternité.

Les collectivistes s'opposent au paiement par l'Etat de toute indemnité et disent : « que les Propriétaires s'arrangent entr'eux. » On pourrait leur retourner l'argument et dire : « que les Locataires s'arrangent entr'eux et que les riches paient pour les pauvres, en vertu du principe de la solidarisation des intérêts corporatifs. »

Mais, Monaco n'est pas la France. La situation y est tout autre. On ne peut donc pas conclure de ce qui peut être fait en France, pour dire que :

> « Réclamer cette indemnité serait forcément réclamer l'établisse-
> « d'impôts dans la Principauté. »

La réclamation de l'indemnité n'implique nullement la création d'impôts. Crée-t-on des impôts pour payer les indemnités qui sont dûes par suite d'expropriation ?

Parler d'établissement d'impôt, pour payer des réductions de loyers, c'est oublier l'existence de l'Ordonnance du 8 février 1869 qui les supprime.

Là, est l'obtacle !

L'article 32 de la Constitution du 5 janvier 1911 dit bien :

> « Aucune contribution directe ne peut être établie que sur le vœu
> « du Conseil National. »

Mais, nul n'ignore l'esprit qui a fait introduire dans la Constitution cette disposition. Elle n'est qu'une sage mesure de prévoyance, en vue de cas tout à fait exceptionnels qui priveraient l'Administration financière de la Principauté de ses ressources habituelles, tel le cas où un cataclysme emporterait la Société des Bains de Mer et du Cercle des Etrangers. Chacun sait, aussi, que le Conseil National ne se prêterait pas à des innovations dangereuses, et qu'en tous cas, il ferait aux Propriétaires et Capitalistes, sur qui pourrait peser la création d'un impôt, l'honneur de les consulter.

Poursuivant son idée, Monsieur le Ministre d'Etat ajoute :

> « On n'aperçoit pas l'avantage qui, en fin de compte, en ressorti-
> « rait pour les Propriétaires. »

Il est certain que, ainsi qu'il vient d'être dit, la rupture du Contrat que l'Ordonnance Souveraine du 8 février 1867 a fait naître entre l'Etat Monégasque et les Propriétaires et Capitalistes, aurait pour effet de diminuer la valeur de leurs immeubles et des garanties hypothécaires.

Où irait l'avantage ?

Actuellement, par le fait de la guerre et par celui de l'Ordonnance sur la réduction des loyers, le crédit de la Principauté s'est éclipsé : bientôt la crise immobilière et celle de l'industrie du bâtiment produiront leurs effets. Qu'on arrive à l'impôt ; qu'on mette la Principauté sur le pied des autres Etats ; et les capitaux prendront un autre chemin, les Propriétaires ne feront plus bâtir, les ouvriers du bâtiment n'auront plus de travail, et c'en sera fait de la prospérité de la Principauté.

Il ne faut pas être pessimiste pour entrevoir cet avenir.

Ce n'est pas au moment où Son Altesse Sérénissime le Prince Albert Ier a daigné collaborer avec les stations de la Côte d'Azur à l'œuvre de San-Francisco, et que l'on peut espérer qu'une clientèle nouvelle viendra s'y fixer, qu'on peut parler d'établissement d'impôts. Veut-on détruire le fruit de cet effort?

Il nous est revenu que certains grands personnages d'Amérique, étaient disposés à établir leur résidence dans la Principauté. Va-t-on les en dissuader par ces menaces de création d'impôts ?

Il serait donc à souhaiter que l'exemption d'impôts dans la Principauté fut confirmée. Ce serait le moyen de décider de nombreux étrangers à s'y fixer ; et, par ce moyen, d'obtenir indirectement des résultats financiers plus considérables que par l'institution d'impôts qui les effraieront.

C'est donc une ère nouvelle de prospérité qu'il faut préparer. C'est par la **confiance** qu'on inspirera qu'elle pourra prendre son essor.

On s'est laissé hynoptiser par cette fausse idée que la prospérité de la Principauté était subordonnée à celle du Commerce et de l'Industrie et que celle-ci dépendait d'une question de loyers.

Au lieu de poursuivre les intérêts communs à tous, on a cherché à faire le profit de quelques-uns : ce fut de la diplomatie anachronique, et ce fut une erreur.

Le devoir et la raison commandaient avant tout qu'on respectât la loi. Mieux valait subir un dommage passager que de s'exposer à un plus grand, en détruisant les contrats librement consentis.

Il ne faudrait pas se prévaloir des arguments exposés à la Tribune du Parlement français sur la question des loyers pour en conclure que la Loi qui serait votée, en France, pourrait convenir pour la Principauté. Rien n'est plus dissemblable que la situation faite par la guerre à la France et celle faite à Monaco.

La France a non seulement à supporter un manque à gagner, mais encore, elle subit des pertes considérables qui atteignent son capital industriel, commercial et immobilier. Ce n'est pas le cas de la Principauté, qui ne supporte aucune charge de guerre, qui ne subit que la perte du manque à gagner et qui conserve dans son intégrité tous les instruments de travail qui lui permettront, à la conclusion de la paix, de reprendre sa vie économique normale et de récupérer les pertes du manque à gagner.

La réduction du prix des loyers ou l'éxonération de leur paiement *sont* donc *des non-sens économiques*.

Déjà la reprise des affaires a commencé. Si la guerre durait encore quelques années, les commerçants et industriels faisant leurs affaires et n'en continuant pas moins à s'abstenir de payer leurs loyers, grâce aux mesures prises en leur faveur, que deviendraient alors les Propriétaires ?

Pour réparer les effets nuisibles que ces mesures ont produits, on envisage l'établissement d'impôts et on oublie que l'absence d'impôt est le principe financier sur lequel est organisé tout l'État, depuis le Prince Charles III.

Il semble, selon la parole célèbre, que « l'on n'ait rien appris et que l'on ait tout oublié ! »

L'intérêt de la Principauté commande que l'impôt en reste banni, et que pour parer à la situation créée par la question des loyers, il soit cherché un autre remède !

CONCLUSION

La question des loyers, pendant la guerre, dans la Principauté de Monaco, a été exposée, dans quatre études successives, sous ses principaux aspects.

Après avoir analysé l'Ordonnance du 9 mars 1915, et avoir démontré qu'il y avait lieu de l'abroger ou de la modifier essentiellement, nous avons réfuté les motifs qui ont été invoqués pour la justifier. Après avoir examiné les revendications des Commerçants et Industriels, nous avons réfuté leur thèse collectiviste. Enfin, après avoir étudié la lettre ministérielle, du 11 novembre 1915, nous avons dû faire la démonstration que les nouveaux arguments invoqués pour justifier les réponses négatives adressées aux propriétaires, n'étaient pas de nature à faire admettre ces réponses.

Le faisceau des preuves à l'appui de la thèse soutenue au nom des Propriétaires, s'il n'a pu avoir le don de faire revenir sur les mesures précédemment arrêtées, en a, néanmoins, établi l'inopportunite et le danger, et pourra, peut-être, ouvrir des perspectives qui n'avaient pas été entrevues.

Il eût mieux valu qu'à Monaco, où tout le monde se connaît et se coudoie, où, par suite, les rapprochements d'intérêts sont plus faciles, le problème des loyers ne fût pas posé et, qu'en tout cas, il eût été solutionné paternellement, sans enfreindre la loi et sans léser personne.

La question étant née, nous nous étions permis de formuler quelques propositions de résolution et de faire connaître les mesures prises en Italie. D'autres projets auraient pu être proposées. La solution de ce problème, que les économistes les plus avisés trouvent très complexe, n'aurait pas présenté, à Monaco, les mêmes difficultés qu'en France où la situation est toute différente de celle de la Principauté. Il convient, cependant, d'en laisser l'étude aux Conseils autorisés du Souverain.

On voit, déjà, en France, combien est délicat le problème de la réduction des loyers. Le Gouvernement a des hésitations, presque des scrupules ; il y arrive, mais non sans remords et, à coup sûr, non sans regrets. Aussi, l'éminent garde des Sceaux, M. Viviani, vient-il de proposer, à la Chambre des Députés l'ajournement de la discussion de l'article 12 du projet de Loi de l'honorable M. Ignace.

A Monaco, on a été plus hardi.

On n'a pas examiné le problème des loyers dans ses grandes lignes. On ne s'est pas arrêté à la question de la résiliation des baux, ni à celle des congés. On n'a pas envisagé les intérêts des locataires non commerçants ou industriels, mobilisés ou non.

On n'a eu en vue que la protection d'une catégorie de citoyens dont on a fait une classe de privilégiés ; et, dans un but *d'utilite publique*, on a pris en leur faveur, la mesure du moratorium qui constituait une réquisition d'immeubles, et celle de la réduction des loyers qui constituait une expropriation de leurs fruits civils, sans se préoccuper d'indemniser ceux qui subissaient les effets de ces mesures.

A-t-on cru pouvoir échapper, par les moyens de la morale politique indiquée par le philosophe Kant, au paiement des indemnités qui sont les conséquences légales de l'application de ces mesures ?

Pour se soustraire à ce paiement ne faudrait-il pas, même si on pouvait dire que *la fin justifie les moyens*, opérer une véritable transformation dans les institutions du pays ?

Or, un pays qui n'a pas de partis politiques, et qui ne doit pas avoir de fractions révolutionnaires, devrait échapper à d'aussi étranges théories qui ne sont basées que sur des sophismes.

Serait-ce tout un passé de vérité vraie, de justice, de prudence, qui aurait été subitement méconnu ?

Nous n'insisterons pas, car les Propriétaires sont les véritables représentants de la fidélité à la Loi, aux Pouvoirs publics, aux droits acquis, à la tradition et ils ont la plus entière confiance dans l'esprit de justice du Souverain.

Nous avons fait connaître leur opinion sur les trois points essentiels soulevés par la lettre ministérielle du 11 décembre 1915. Cette opinion conclut à ce qu'il soit formulé les vœux suivants :.

1° Que l'autorisation d'association leur soit accordée ;

2° Qu'en ce qui concerne la question des loyers, sous réserves de tous droits, la législation qui leur est applicable soit modifiée, en tenant compte du Droit commun, dans le sens d'une plus grande justice et d'une plus profonde équité.

C'est dans cette voie, et en commentant par les considérations qui précèdent la lettre de Son Excellence le Ministre d'État, que nous avons accompli le mandat qui nous avait été conféré de faire jaillir un peu de lumière sur un sujet qui n'a rien de paradoxal : en vue de la défense des intérêts des Propriétaires et des intérêts généraux de la Principauté.

A cette fin, nous avons dû user, dans la limite légale, de la liberté d'opinion, mais, en ayant toujours le souci de tenir en dehors de la discussion Son

Altesse Sérénissime le PRINCE, et sans nous départir jamais de notre inaltérable dévouement à Son Auguste Personne et de notre loyale fidélité à Son Trône.

Et nunc érudimini vos qui rogatis Légem !

Pour la Commission des Propriétaires :

Louis VALENTIN.

Ancien Notaire et Propriétaire à Monaco.

Les Membres de la Commission des Propriétaires, après avoir pris connaissance des Considérations qui précèdent, déclarent en approuver et adopter les termes et conclusions.

Signé : Charles REY ; J.-B. GASTAUD ; Vittorio MÉNÉSINI.

Monaco, le 4 Mars 1916.